A Rookie reader español

El jardín
de Bessey, la Desordenada

Escrito por Patricia y Fredrick McKissack

Ilustrado por Dana Regan

Children's Press®
Una División de Scholastic Inc.
Nueva York • Toronto • Londres • Auckland • Sydney
Ciudad de México • Nueva Delhi • Hong Kong
Danbury, Connecticut

Para Sarilda Blake, y para que lo comparta con Michelle
—P. y F.M.

Para Joe y Tommy, que cultivan las mejores
calabazas de Halloween en el pueblo
—D.R.

Asesoras de lectura
Linda Cornwell
Especialista en alfabetización

Katharine A. Kane
Asesora educativa
(Jubilada de la Oficina de Educación del condado de
San Diego y de la Universidad Estatal de San Diego)

Biblioteca del Congreso. Catalogación de la información sobre la publicación

McKissack, Pat, 1944-
    [El jardín de Bessey, la Desordenada. Español]
    El jardín de Bessey, la Desordenada / escrito por Patricia y Fredrick McKissack;
ilustrado por Dana Regan.
        p. cm.—(Un lector principiante de español)
    Resumen: Bessey, la Desordenada descubre que con el cuidado adecuado
su jardín florecerá.
    ISBN 0-516-22688-6 (lib. bdg.)   0-516-27797-9 (pbk.)
    [1. Jardinería—Ficción. 2. Afroamericanos—Ficción. 3. Cuentos con rima.
4. Materiales en idioma español.] I. Título. II. Serie.

PZ74.3 .M353.2002
[E]-dc21   2002067352

Llegó la primavera otra vez, señorita Bessey.
No más hielo ni nieve.

Ven. Es tiempo de sembrar tus semillas y ver tu jardín crecer.

Abre un hueco.

Siembra una semilla.

8

Siémbralas hilera por hilera.

Cúbrelas.
Riégalas bien.

Ahora, deja crecer el jardín.

¡No, no, no, Bessey, *la Desordenada*!
Las plantas necesitan ayuda
para crecer.

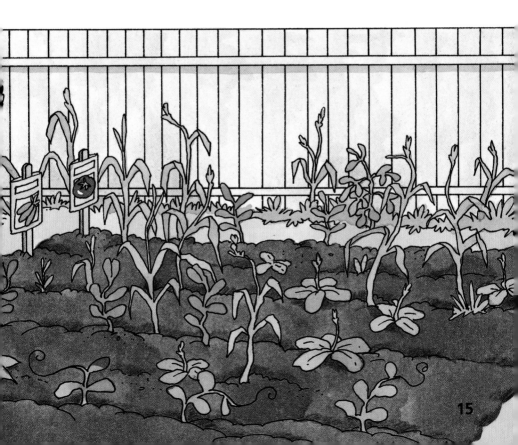

15

No has cuidado de ellas.
Has descuidado el jardín.

Así que toma la pala.
Toma el azadón.

Riega cada hilera.

Arranca la maleza.

Tijeretea y corta.

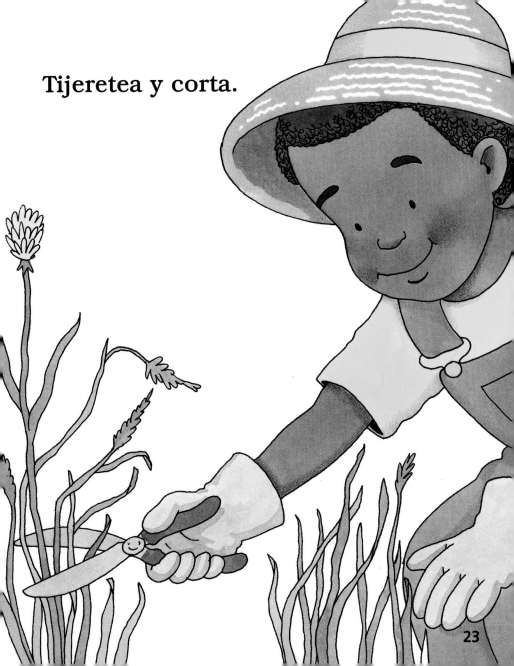

Ayuda a tu jardín a crecer.

Por fin llegó el otoño, señorita Bessey.

Ahora, ¿no te sientes bien?
Tu jardín es un éxito total...

¡con calabazas en la enredadera!

Lista de palabras (71 palabras)

a
abre
ahora
arranca
así
ayuda
azadón
Bessey
bien
cada
calabazas
con
corta
crecer
cúbrelas
cuidado
de
deja

descuidado
desordenada
el
ellas
en
enredadera
es
éxito
fin
has
hielo
hilera
hueco
jardín
la
las
llegó
maleza

más
necesitan
ni
nieve
no
otoño
otra
pala
para
plantas
por
primavera
que
riega
riégalas
sembrar
semilla
semillas

señorita
siembra
siémbralas
sientes
te
tiempo
tijeretea
toma
total
tu
tus
un
una
ven
ver
vez
y

Acerca de los autores

Patricia y Fredrick McKissack son escritores y correctores que trabajan por cuenta propia, residentes del condado de St. Louis, Missouri. Sus premios como autores incluyen el Premio Coretta Scott King, el Premio Jane Addams Peace, el Newbery Honor y la Regina Medal de 1998 de la Catholic Library Association. Los McKissacks han escrito además muchos otros libros *Messy Bessey* en la serie Rookie Reader.

Acerca de la ilustradora

Dana Regan vive en la ciudad de Kansas, Missouri, con sus hijos Joe y Tommy, que son muy buenos jardineros, especialmente a la hora de regar las cosas con la manguera.